Edith van Eeuwen

BABY-DECORATIES
IN STOF EN KARTON

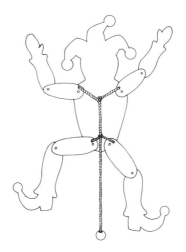

Met medewerking van:

Ineke Blaauw; modellen, uitvoering en tekst
Mirjam van den Brink; modellen en uitvoering
Elgeo Kreatief, Weesp; stoffen

Met dank aan:

Prénatal (moeder en kind) bv
Inlichtingen: 036-5322000

© 1994 LRV-Kreatief, Kampen

Alle rechten voorbehouden. Niets uit deze uitgave mag worden verveelvoudigd, opgeslagen in een geautomatiseerd gegevensbestand, of openbaar gemaakt, in enige vorm of op enige wijze, hetzij elektronisch, mechanisch, door fotokopieën, opnamen, of enig andere manier, zonder voorafgaande schriftelijke toestemming van de uitgever.

ISBN 90 384 0725 4
NUGI 440

Omslag: Hesseling Design, Ede
Fotografie: Ligthart & Van Aarsen Fotografie, Amsterdam
Eindredactie en vormgeving: Poelhekke & van der Ros, Nieuwegein
Redactionele begeleiding: Media-adviesbureau Zwager, Amersfoort

INHOUD

Materialen en gereedschap	**6**
Basistechnieken	**8**
Geboorte- en felicitatiekaarten	**14**
Kraammand	**17**
Op kraambezoek	**21**
Babykamer	**22**
Hobbelpaard	**26**
Harlekijn	**29**

VOORWOORD

Het is leuk zelf originele cadeautjes te maken als er in de familie- of kennissenkring een baby is geboren. Het onderwerp sprak ons bijzonder aan en gaf ons volop inspiratie. In dit boekje ziet u talloze ideeën om met karton en leuke stofjes aan de gang te gaan.
We laten op de foto's twee sferen zien. De romantische sfeer met pastelkleurige stoffen en dezelfde onderwerpen bekleed met vrolijke, frisse kleuren. Aan u de keus!

We hopen dat u net zoveel plezier beleeft aan het maken als wij aan het bedenken en de uitvoering hebben gehad.

Edith van Eeuwen

MATERIALEN EN GEREEDSCHAP

Materialen

Grijsbord
Gebruik grijsbord met een dikte van 1,5 mm en een gewicht van 885 gram als basis voor de vormen die je gaat uitsnijden of knippen.

Gebruik grijsbord met een dikte van 2 mm en een gewicht van 1159 gram voor de dozen.

Bristolkarton
Gebruik bristolkarton van 500 gram voor de randen van de dozen.

Gegomd kraftpapier
Voor het tegen elkaar zetten van de randen van de doos is gegomd kraftpapier nodig.

Volumevlies / fiberfill
Gebruik volumevlies van 1 cm dikte.

Decoratieve stoffen
Gebruik katoen in verschillende kleuren. Zorg voor een soepele stof die niet rafelt. Patchworkstoffen zijn heel geschikt en hebben mooie dessins.

Satijnlint of -band
Gebruik lint en band in verschillende breedtes en kleuren.

Overtrek- of carbonpapier
Makkelijk voor het overbrengen van de patronen.

Boekbinderslijm

Gereedschap

- snijmat met kartonmes of cutter
- rolsnijder
- metalen liniaal of stalen rei
- schaar voor papier en stof
- strijkbout
- kwasten in verschillende maten
- satéprikker
- vouwbeen
- potlood en liniaal
- fijn schuurpapier

BASISTECHNIEKEN

Het uitsnijden van de vormen

❏ Kies een patroon uit dit boekje of teken je eigen ontwerp. Trek het gekozen patroon met potlood over op het overtrekpapier.

❏ Neem met behulp van het carbonpapier het patroon over op het grijsbord. Let goed op hoe vaak je een patroon nodig hebt voor de decoratie.

❏ Snijd met een scherp kartonmes de vorm uit. Houd het mes vertikaal en druk niet te hard.

❏ Draai het grijsbord met de getekende lijn onder het mes door. Probeer niet in één keer door het grijsbord te snijden; pas na meerdere keren snijden voel je de snijmat en zit de vorm los.

❏ Schuur met het fijne schuurpapier de snij- en kipranden glad.

❏ Controleer altijd of de bij elkaar horende vormen precies gelijk zijn.

❏ Je kunt het karton ook knippen met een scherpe papierschaar.

Deze patronen zijn op ware grootte. Neem de gearceerde gedeeltes ook los over.

❏ In hobbywinkels en handwerkzaken zijn gestanste vormen te koop. Dit maakt het een stuk makkelijker. De vormen zijn dan precies gelijk.

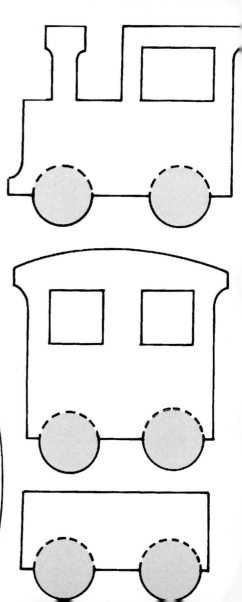

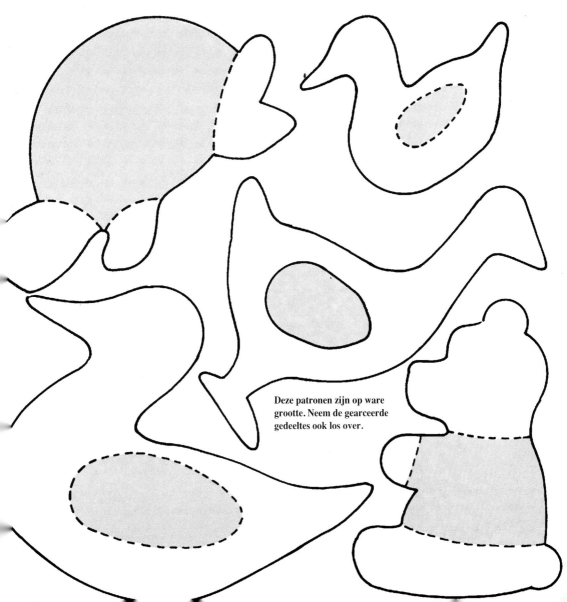

Deze patronen zijn op ware grootte. Neem de gearceerde gedeeltes ook los over.

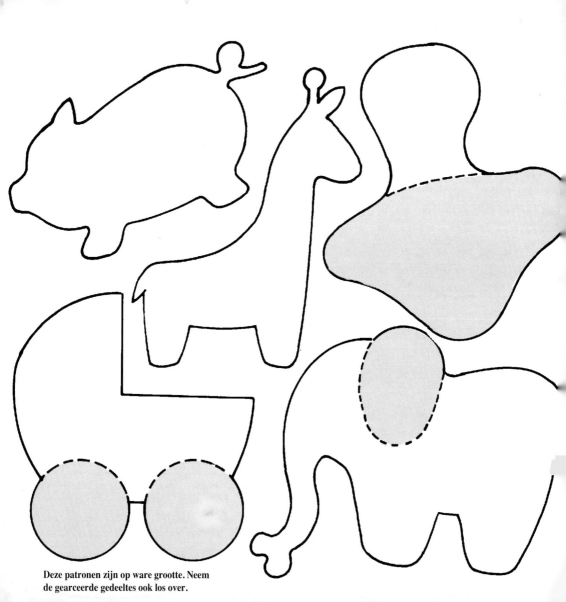

Deze patronen zijn op ware grootte. Neem de gearceerde gedeeltes ook los over.

Het bekleden met volumevlies en stof

- Kijk goed welke zijde van de grijsbordvorm de voorzijde moet worden.
- Lijm de voorzijde van de vorm dun in met boekbinderslijm en leg hierop het volumevlies.
- Knip het vlies gelijk met de buitenrand van het grijsbord af.
- Strijk de stof.
- Knip de stof rondom 1,5 cm groter uit dan de vorm.
- Knip de overslag, waar nodig tandvormig, tot 2 mm voor de grijsbordrand in (zie tekening 1a).
- Breng lijm aan op de achterzijde van het grijsbord.
- Plak de overslag glad naar de achterzijde, terwijl je de stof spant.
- Snijd de stof bij de opening volgens tekening 1b in.
- Je kunt een vorm ook gedeeltelijk met volumevlies beplakken.

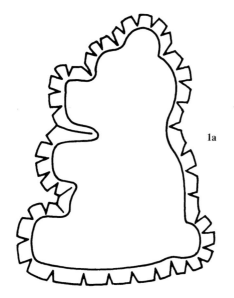

1a

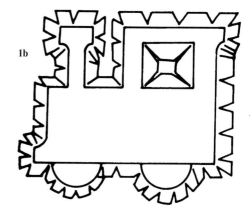

1b

Het bekleden met stof zonder volumevlies

- Strijk de stof.
- Lijm de voorzijde van de vorm dun in met boekbinderslijm en leg hierop de stof.
- Knip de stof rondom 1,5 cm groter uit dan de vorm.
- Knip de overslag in en lijm hem om zoals hiervoor staat beschreven.
- Bekleed op dezelfde manier de tweede vorm. Bij een asymmetrische vorm moet je de tweede vorm in spiegelbeeld bekleden.
- Plak de twee delen precies tegen elkaar. Eventueel kun je tussen de twee delen een ophanglus plakken.
- Laat de decoratie onder druk drogen.

Afwerken van de zijkant met lint of band

- Breng dun lijm aan op de zijkant van de decoratie met een kleine kwast of satéprikker. Dit voorkomt doorslaan.
- Knip het lint op de plaats waar de ophanglus komt, ongeveer 1 cm in de lengte in (tekening 2).
- Schuif de ophanglus door de knip en duw het lint of band rondom voorzichtig vast.
- Begin altijd op een plaats die minder opvalt en lijm het einde circa 1 cm over het begin heen.
- Een beetje lijm langs de kniprand van het lint voorkomt dat het lint gaat rafelen.

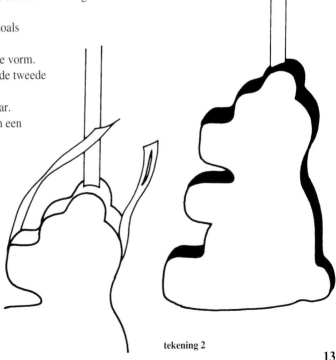

tekening 2

GEBOORTE- EN FELICITATIEKAARTEN

De persoonlijkste geboortekaartjes maak je zelf. Natuurlijk kun je de naam en verdere bijzonderheden van de nieuwe wereldburger pas na de geboorte toevoegen, maar de kaartjes zelf kun je ruim van tevoren maken.

Geboortekaartjes

- Kies voor de decoratie een patroon uit dit boekje.
- Knip of snijd de gekozen vorm één keer uit grijsbord (basistechniek pagina 8). Bekijk welke delen je met (bijvoorbeeld de hoed van de paddestoel) en welke delen je zonder volumevlies bekleedt.
- Bekleed alle delen (basistechniek pagina 12).
- Lijm de kleine delen op hun plaats.
- Werk de zijkanten af met smal, bijpassend lint (basistechniek pagina 13).

- Neem vervolgens een witte of gekleurde kaart. Deze zijn kant en klaar te koop.
- Maak een mooie indeling voor de kaart, smeer lijm aan de achterzijde van de decoratie en plak haar op de kaart.
- Schrijf of kalligrafeer de tekst of gebruik hiervoor wrijfletters.
- Versier de kaart eventueel met strikjes of kant.

Felicitatiekaarten

Een felicitatiekaart maak je op dezelfde manier als de geboortekaartjes. Alle patronen uit dit boekje kun je gebruiken. De foto op pagina 7 geeft een aantal ideeën. De kamer maak je extra feestelijk door de kaarten met kleine, houten wasknijpers aan een lint te hangen.

Cadeaulabel

Ga je op kraambezoek, dan kun je het geschenk versieren met een cadeaulabel. Snijd of knip uit stevig papier een kaartje waar de decoratie ruim oppast en tevens plaats is voor de tekst. Met een perforator maak je een gaatje waar je het lintje doorheen haalt.

Cadeautasje

Je cadeau kun je ook verpakken in een zelfgemaakt zakje of tasje (zie foto hiernaast).
- Neem een rechthoekige vorm die de maat heeft van de te maken verpakking, bijvoorbeeld een pak wasmiddel of een boek. De vorm moet stevig zijn en scherpe hoeken en randen hebben.
- Knip of snijd stevig papier op maat zodat het royaal om de vorm past, met extra papier voor

de boven- en onderzijde. Een tasje van boekbinderslinnen of van katoenen stof die eerst op een stuk papier is gelijmd, is heel bijzonder.
- Vouw en lijm ongeveer 2 cm papier aan de bovenkant om naar binnen (tekening 3a).
- Sla het papier strak om de doos en duw de randen er scherp in (tekening 3b).
- Lijm het begin 1,5 cm over het einde van het papier heen, je krijgt zo een soort koker.
- Vouw en lijm de onderkant om de doos zoals je een cadeau dichtmaakt (tekening 3c). Eerst de korte kanten en dan de achter- en de voorzijde.
- Schuif de doos uit de verpakking.
- Perforeer aan de bovenkant op voor- en achterzijde twee gaatjes en strik hierdoor een lintje (tekening 3d).
- Een grotere verpakking kan je voorzien van een handvat. Schuif aan beide zijden een koordje van buiten naar binnen en maak er een flinke knoop in.
- Versier het zakje of tasje met één of meerdere decoraties.

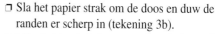

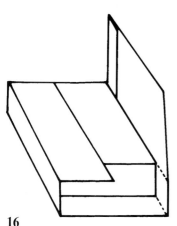

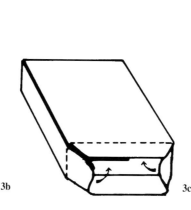

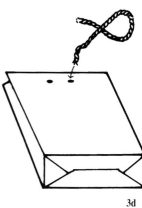

KRAAMMAND

Verras de jonge moeder met een mand waar je voor iedere dag een genummerd cadeautje in stopt. De mand kun je bekleden met bijpassende stof, de cadeautjes koop of maak je zelf. Ieder geschenk verpak je in een zelfgemaakt doosje.

Ovale doos 13 bij 17 cm

materiaal
- twee stukken grijsbord van 13 bij 17 cm, 2 mm dik
- een strook bristolkarton van 49 bij 2 cm en een strook van 49 bij 5 cm
- gegomd kraftpapier
- boekbinderslijm
- katoenen stof, circa 45 bij 50 cm
- volumevlies, 13 bij 17 cm

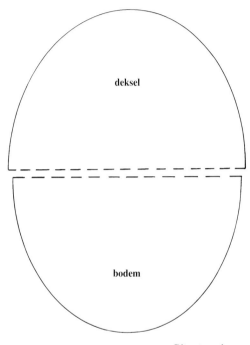

❏ Neem het patroon voor de bodem en het deksel tweemaal over op papier. Voeg ze op de stippellijn tegen elkaar zodat een ovaal ontstaat.
❏ Neem de vormen met carbonpapier over op het grijsbord.
❏ Snijd de vormen precies uit volgens de basistechniek op pagina 8.
❏ Markeer het deksel, de grootste vorm en de kleinste vorm, de bodem.
❏ Smeer één zijde van het grijsbord in met lijm en leg dit op de stof.
❏ Knip de stof langs de grijsbordrand af. Dit is voor de binnenkant.
❏ Leg de smalle strook bristolkarton strak om het deksel en markeer het aansluitpunt. Zie tekening 1 op de volgende pagina. Snijd de rand haaks af.
❏ Leg de uiteinden van de rand tegen elkaar

Dit patroon is verkleind. Maak een kopie op 200%.

volgens tekening 2 en plak ze met behulp van gegomd kraftpapier vast. Controleer of alles past.
- Strijk ongeveer 2 mm lijm aan de binnenzijde, onderaan de rand.
- Plaats de rand op tafel met de lijm naar onder.
- Druk het deksel met de beklede kant naar boven tot onder in de rand. Zie tekening 3.
- Verdeel de overtollige lijm over de onderzijde en laat het deksel drogen.
- Maak op dezelfde manier de doos met de brede strook karton.

bekleden
- Smeer de onderzijde van de doos in met lijm. Zet deze zijde vervolgens op de stof en knip haar uit met rondom 1,5 cm extra stof.
- Knip de overstekende stof tandvormig in, tot 2 mm van de kartonrand.
- Lijm de tandjes om de rand (tekening 4, pagina 20).
- Knip een stuk stof af van 11 bij 50 cm voor de rand.
- Lijm aan één lange zijde een zoom van 0,5 cm.
- Breng lijm aan op de buitenzijde van de rand en plak de strook stof met de zoom naar onder rondom vast (tekening 5).
- Vouw de overgebleven stof naar binnen. Je ziet dat er teveel stof oversteekt. Markeer dit met je nagel of een potlood (tekening 6) en knip het af.
- Lijm de binnenrand in en plak de stof glad naar binnen.

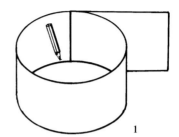
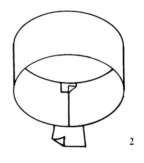
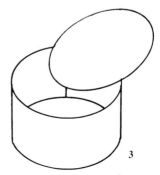

- Lijm de bovenkant van het deksel in.
- Leg hierop het volumevlies en knip dit gelijk met de buitenrand af.
- Leg hierover een lapje stof dat rondom 1,5 cm groter is. Knip de overslag waar nodig in tot 2 mm voor de rand.
- Plak de overslag glad naar de hoek terwijl je de stof spant.
- Beplak de rand met een strook stof van 5 bij 50 cm.
- Maak een bijpassende decoratie, lijm die op het deksel en bevestig een label met een cijfer erop aan de doos.
- Maak een aantal doosjes of zakjes en schik ze in de mand.

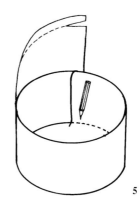

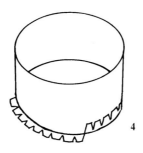

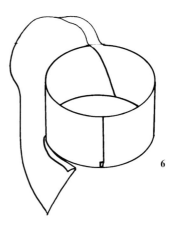

OP KRAAMBEZOEK

Steeds vaker vinden jonge ouders het leuk om het bezoek als dank voor de belangstelling een attentie mee naar huis te geven.
Wij bedachten een beschuit met muisjesdoos, gevuld met in tule of kant verpakte amandelbonen of een babysuikertje.

materiaal
- twee stukken grijsbord van 23 bij 23 cm, 2 mm dik
- een strook bristolkarton van 75 bij 2 cm voor het deksel en een strook van 75 bij 4 cm voor de doos
- gegomd kraftpapier
- papier of stof ca. 100 bij 40 cm
- gekleurde muisjes
- amandelbonen of speciale babysuikers

❐ Maak een grote, platte doos op dezelfde manier als de ovale doos in het hoofdstuk 'kraammand'. Probeer door de keuze van de stof of het papier de indruk te wekken dat het een beschuit moet voorstellen.

❐ Bekleed het deksel zonder volumevlies.

❐ Smeer de bovenzijde in met boekbinderslijm en strooi de muisjes erover heen. Schut na het drogen de losliggende muisjes eraf. Dek de bovenzijde voorzichtig af met blanke lak.

❐ Knip met een gewone of met een kartelschaar cirkels uit de tule van ongeveer 15 cm doorsnede uit.

❐ Leg de amandelboon in het midden en knoop de tule met een smal lintje dicht.

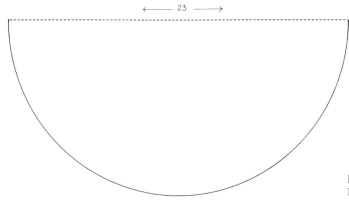

**Dit patroon is verkleind.
Maak een kopie op 250%.**

BABYKAMER

Het inrichten van de babykamer geeft ons volop de gelegenheid de leukste decoraties te maken. De eerste pop of beer komt in de wieg, versierd met bijvoorbeeld olifantjes. Het kapstokje kun je helemaal zelf maken.

Poppebed

- Koop een blank houten bedje en beits, lak of schilder het.
- Bekleed de gekozen decoraties met stof en lijm ze met boekbinderslijm op de rand.
- Maak van dezelfde stof een kussen en een dekbed.

Kapstok

- Teken een grote wolk op dik grijsbord en snijd de vorm tweemaal uit.
- Bekleed de wolken aan één zijde met stof. Lijm ze tegen elkaar met een ophanglus ertussen.
- Laat ze onder druk goed drogen.
- Maak een aantal decoraties die leuk bij elkaar staan, bijvoorbeeld de trein of de eendjes en lijm ze op de wolk.
- Maak met een gaatjestang, een priem of een boor een aantal gaatjes in de wolk.
- Bevestig metalen knopjes door de gaatjes. Deze zijn te koop in hobbyzaken.

Klerenhangers

- Koop kleine houten klerenhangers en beits, lak of schilder ze.
- Maak decoraties en lijm ze op de hanger.

Fotolijstjes

- Koop een zelfmaakpakket en maak het lijstje volgens de werkbeschrijving.
- Lijm de uitgekozen decoraties op.

Fotoalbum

- Koop een fotoalbum en beplak de buitenkant met stof of boekbinderslinnen.
- Plak decoraties naar keuze op.

Commodedoos

Op de aankleedtafel zorgt deze doos ervoor dat we alle spulletjes bij elkaar hebben.

materiaal
- koop het pakket met gestanste vormen of gebruik grijsbord van 30 bij 60 cm
- bristolkarton; een strook van 92 bij 12 cm voor de rand van de doos, een strook 63 bij 4 cm voor de inzetbak, twee stroken van 45 bij 7,8 cm als steun onder de inzetbak, en een strook van 50 bij 4 cm voor het hengsel
- gegomd kraftpapier
- stof, ongeveer 55 bij 100 cm
- twee splitpennen

werkwijze
- Neem het patroon voor de bodem van de doos tweemaal over op papier. Voeg ze op de stippellijn tegen elkaar zodat een grote ellips ontstaat.
- Teken het patroon voor de inzetbak (halve ellips).
- Breng beide patronen over op het grijsbord en snijd ze uit.
- Smeer één zijde van de bodem in met lijm en leg haar op de stof.
- Knip de stof langs de grijsbordrand weg.
- Leg de bodem met de stof naar boven op tafel neer.
- Neem de brede strook bristolkarton en breng

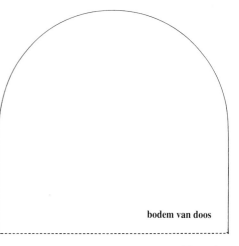

bodem van doos

Deze patronen z[ijn] verkleind. Maak een kopie op 25[0%]

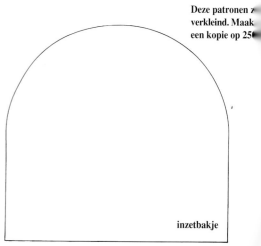

inzetbakje

lijm aan langs de binnen- en onderzijde.
- ❐ Plaats de rand met de lijm tegen de bodem, begin in het midden. Zie tekening 1.
- ❐ Plak strookjes gegomd kraftpapier rond de naad.
- ❐ Lijm de rand om de inzetbak (tekening 2).
- ❐ Bekleed de doos zoals beschreven bij de ovale doos op pagina 18.

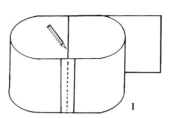

1

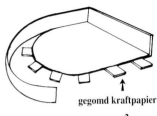

gegomd kraftpapier

2

- ❐ Maak in de doos een steunrand onder de inzetbak.
- ❐ Lijm de twee stroken bristolkarton op elkaar.
- ❐ Beplak dan de op maat gemaakte stroken karton met stof en lijm deze tegen de binnenwand.
- ❐ Snijd voor het rechte tussenschot een stuk grijsbord van 7,8 bij 17,5 cm, tekening 3. Beplak dit aan de opstaande- en bovenzijde met stof.
- ❐ Lijm het schot tegen de bodem en de zijkanten van de doos.
- ❐ Beplak het hengsel met stof, prik 2 cm voor de uiteinden gaatjes.
- ❐ Prik gaatjes in de doos.
- ❐ Duw de splitpen door de gaatjes in het hengsel en de doos en buig de ijzertjes opzij.
- ❐ Maak decoraties en lijm ze op de commodedoos.

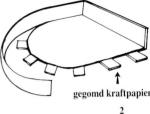

3

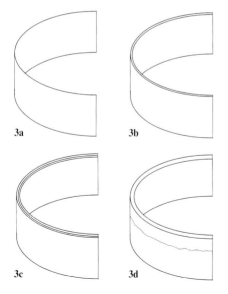

3a 3b

3c 3d

HOBBELPAARD

materiaal
- koop het pakket met gestanste vormen of gebruik grijsbord van 1,5 mm dikte
- volumevlies 25 bij 60 cm
- stof, ongeveer 65 bij 60 cm
- satijnlint

werkwijze
- ❒ Snijd het paard en het onderstel viermaal uit het grijsbord.
- ❒ Snijd het bakje langs de buitenste lijnen uit en ril de binnenste lijnen (rillen is het grijsbord tot de helft van de dikte insnijden).
- ❒ Bekleed twee paarden met volumevlies en stof in spiegelbeeld. Zie de tekening op pagina 28.
- ❒ Bekleed twee paarden met stof in spiegelbeeld. Lijm één deel met en één deel zonder volumevlies tegen elkaar.

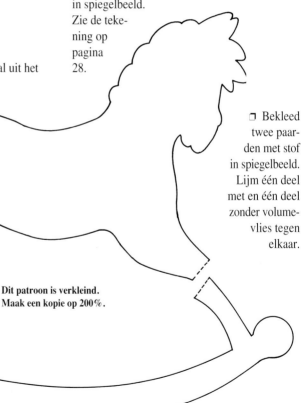

Dit patroon is verkleind.
Maak een kopie op 200%.

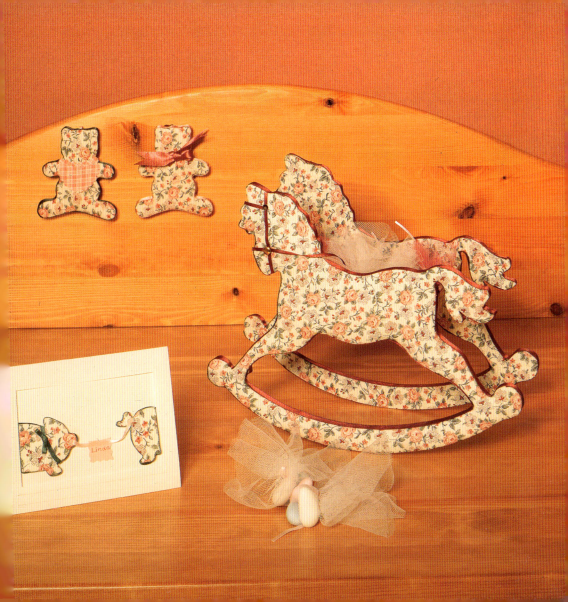

- Werk de rand af met satijnlint.
- Plak het bakje op de hoeken vast (tekening 1).
- Knip een strook stof van 45 bij 15 cm.
- Bekleed in één keer de binnenzijde vanaf punt A (tekening 2).
- Knip de overslag in en lijm de stof om. Eindig onder de zoom aan het begin van de strook.
- Lijm de paarden tegen het bakje.
- Voor een leuke wanddekoratie kun je ook alleen het paard maken.

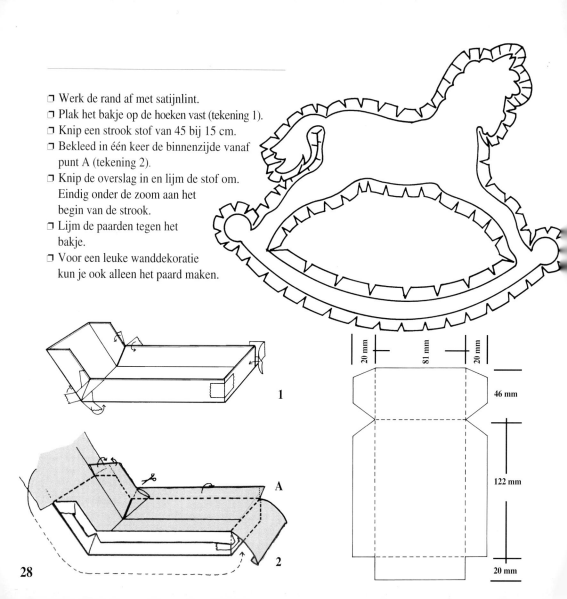

HARLEKIJN

Deze grapjas maakt ieder aan het lachen. Zijn armen en benen kunnen bewegen.

materiaal
- grijsbord van 1,5 mm dikte
- verschillende stoffen
- acht grote holnieten of splitpennen
- veel satijnlint voor de afwerking en het trekkoord

❒ Teken de patronen over op papier (basistechniek pagina 8).
❒ Neem de patronen tweemaal over op het grijsbord.
❒ Snijd of knip de onderdelen uit.

❒ Bekleed eerst de delen voor de voorkant.
❒ Bekleed met volumevlies en stof: één deel voor de muts, de kraag, het lijf, de onderarmen en onderbenen.
❒ Bekleed met stof: één deel voor het gezicht, de bovenarmen, de handen, de bovenbenen en de schoenen.
❒ Bekleed met stof alle delen voor de achterkant.
❒ Lijm het deel van de voorkant tegen het hetzelfde deel van de achterkant.
❒ Werk de zijkant af met satijnlint.

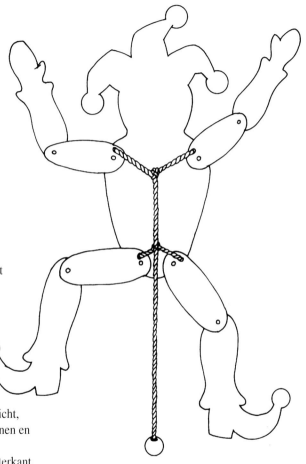

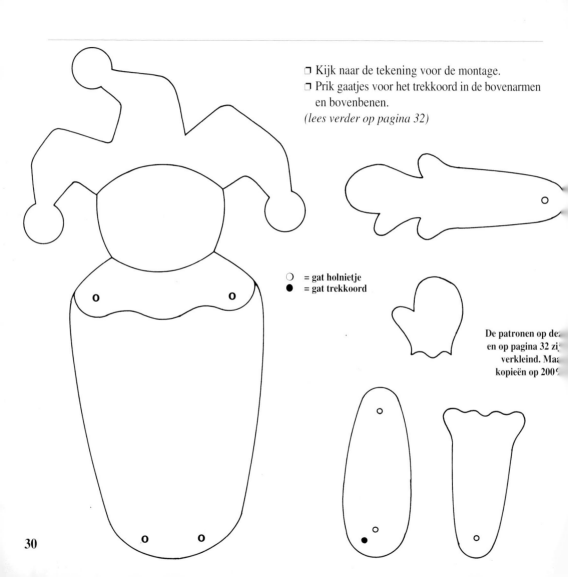

- Kijk naar de tekening voor de montage.
- Prik gaatjes voor het trekkoord in de bovenarmen en bovenbenen.

(lees verder op pagina 32)

○ = gat holnietje
● = gat trekkoord

De patronen op deze en op pagina 32 zijn verkleind. Maak kopieën op 200%

❑ Prik gaatjes voor de holnietjes. Knoop het lint tussen de bovenarmen en bovenbenen. Houd ongeveer 5 cm tussenruimte.
❑ Bevestig de holnietjes zo dat er beweging mogelijk blijft en knoop het treklint in het midden van de tussenlintjes vast.

○ = **gat holnietje**
● = **gat trekkoord**

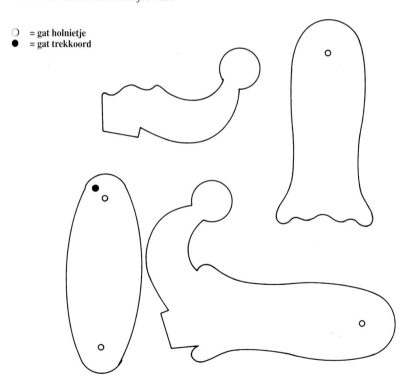